FAMILLE
DE CARPENTIER

SEIGNEURS DE JUVIGNY, DES TOURNELLES
LIZY, ET AUTRES LIEUX

Optimum est habere monumenta majorum.
(Grævius. De Officiis.)

NANCY

CAYON-LIÉBAULT, LIBRAIRE-ÉDITEUR, RUE STANISLAS, 10.

1860

L·3
Lm 170

FAMILLE

DE CARPENTIER

SAINT-NICOLAS

(Meurthe)

IMPRIMERIE DE PROSPER TRENEL.

FAMILLE

DE CARPENTIER

SEIGNEURS DE JUVIGNY, DES TOURNELLES, LIZY, ET AUTRES LIEUX.

Optimum est habere monumenta majorum.
(Cicéron. *De Officiis*.)

NANCY

CAYON-LIÉBAULT, LIBRAIRE-ÉDITEUR, RUE STANISLAS, 10.

1860

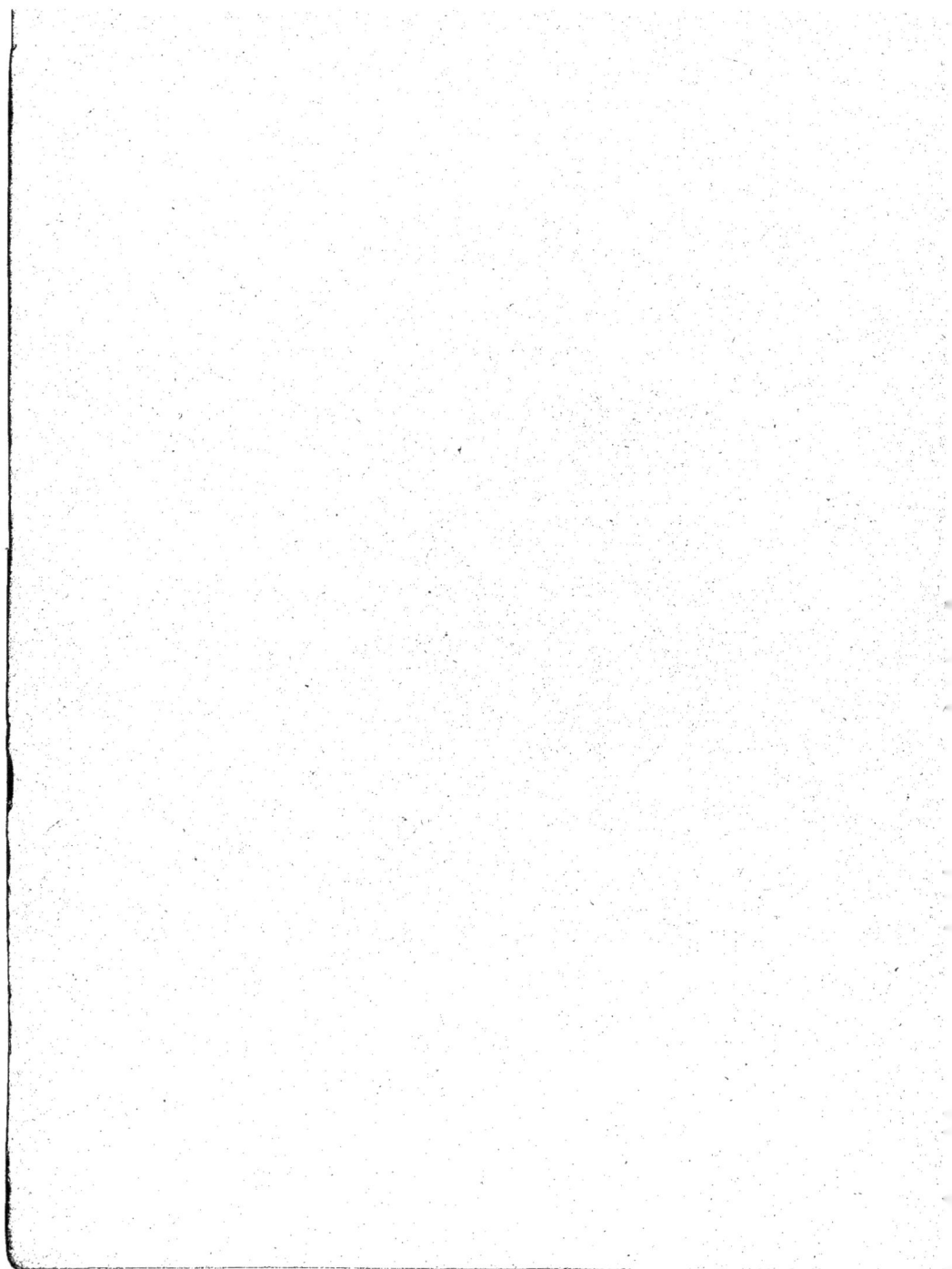

On ne le sait que trop, le temps et les événements ont dispersé, ou anéanti, quantité de monuments précieux pour l'histoire des Familles qui, à divers titres, ont joui de la considération publique. Les prérogatives nobiliaires d'autres époques n'ont plus qu'une haute acception morale, et par de récentes dispositions législatives, on a prévu qu'il était opportun de bien établir désormais la notoriété des noms et des origines. Ce qui est devenu un devoir gouvernemental, a toujours été l'objet d'une pieuse sollicitude de la part des Familles elles-mêmes. Quoi de plus naturel, en effet, de s'enquérir de ceux qui nous ont précédés, et quel orgueil plus légitime que de montrer, sinon des illustrations éclatantes, le reflet de vertus solides, léguées de générations en générations ?... C'est dans le double but de faire connaître aux intéressés, l'extraction franchement noble de la *Famille de Carpentier de Juvigny*, et d'en suivre la filiation jusqu'à nos jours, que ce précis généalogique a été entrepris. Tâche toujours des plus délicates, quand il s'agit de la conscience et de la vérité. Les preuves justificatives à l'appui, et qu'on trouvera rapportées plus loin, sont de nature à satisfaire entièrement sous ce rapport important, qu'on s'est sans cesse représenté, et comme relique de Famille, et comme page morale pour le public.

Nancy, août 1860.

Jean CAYON,

Auteur de l'Armorial historique et généalogique
de l'ancienne Chevalerie de Lorraine, etc.

ALLIANCES

DE CARPENTIER

Mentionnées dans cette Généalogie.

———————

AINVAL (D').
ALLIER.
ALLONVILLE (D').
AMIOT.
ARGENT DE DEUX-FONTAINE (D').
AUVIGNY (D').

BARTHELEMY (DE).
BASIN.
BATZ (DE).
BEAUFORT (DE).
BEAUGIER (DE).
BEAUVISAGE (DE).
BERGHES (DE).
BERTHOULD (DE).
BERTILLAC (DE).
BLAVETTE (DE).
BLÉCOURT (DE).
BONCOURT (MOREL DE).

Bottée.
Bouville (de).
Bouvrot (de).
Branche.
Breteuil (de).

Chauvenet (de).
Choiseul-Praslin (de).

Des Jardins.
Des Touches (Tabuteau).
Dienne du Puy de Challade (de).
Dieuxivoye (de).
Du Barail
Du Bos.
Du Fresnoy.
Du Hal.
Du Passage.

Espagnac (d').
Estrées (d').

Folleville (de).

Gehier.
Gerbrois (de).
Gorjon de Verville.
Guimet de Juzancourt.

Héricard de Thury.
Humereuil (d').

Ire (d').

Jarry.

La Haye (de).
Lameth (de).
Lamiré de Caumont (de).
Lannoy (de).
La Noys (de).
La Perrière (de).
La Tour du Pin-Chambly (de).

Laville Beaugé (de).
Le Carron de Troussure.
Le Gras.
Lenfumé de Lignières.
Le Paon.
Lescaille (de).
Loisson de Guinaumont.
Loupeigne (de).
Louzé.

Magny (de).
Marsilly (de).
Maucroix (de).
Maussion (de).
Menerville (de).
Menière (de).
Messager.
Mory (de).
Mouchy (de).

Puinet de la Blinière.
Renty (de).
Ronty (de).

Saint-Blimont (de).
Saint-Vallier (de).
Seillière.

Taffin (de).
Thiéry.
Toussicourt (de).
Trevet (de).

Valangart (de).
Vieudampierre (Deu de).
Vignacourt (de).
Volnay (de).

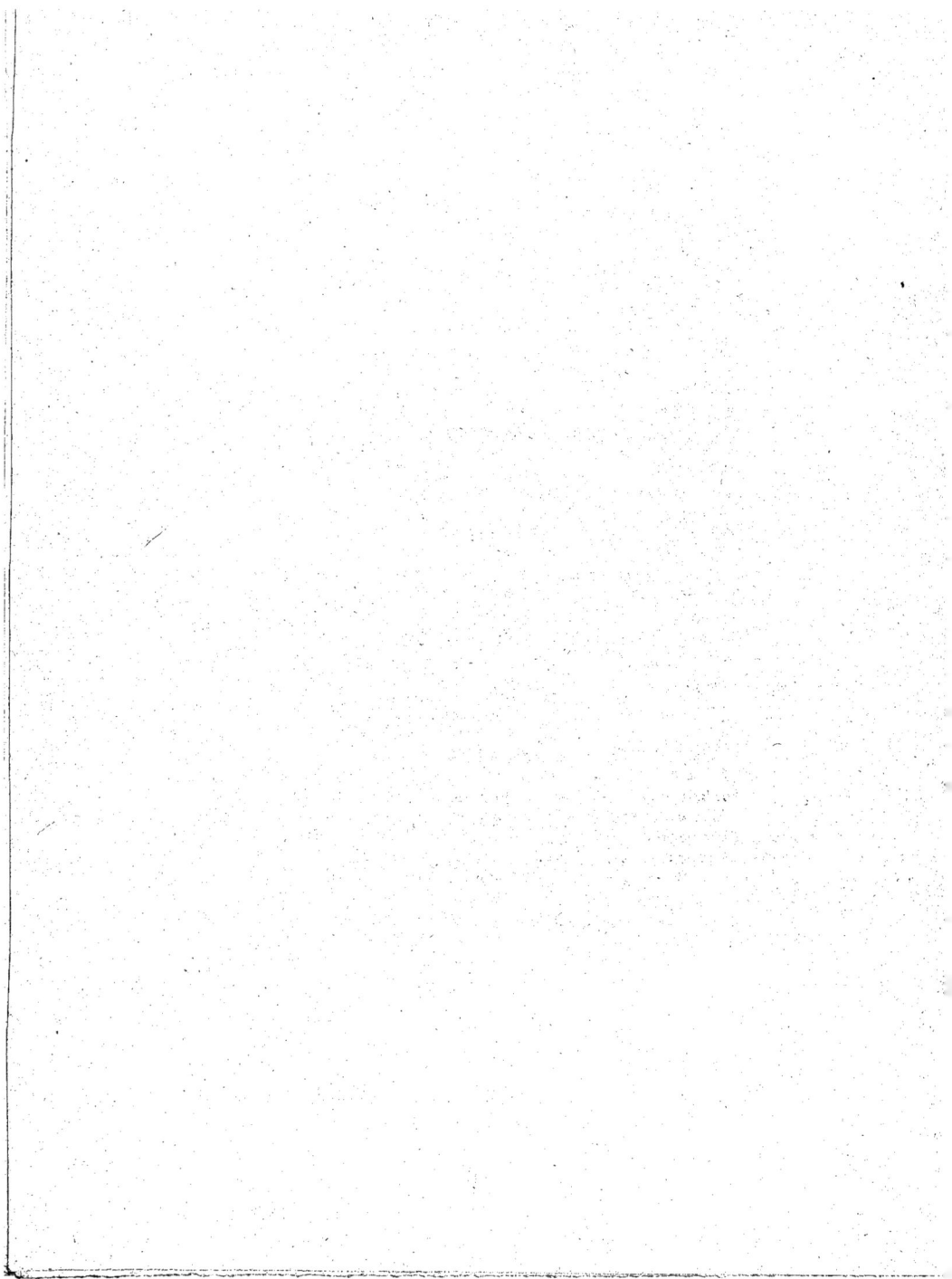

GÉNÉALOGIE

DE LA FAMILLE

DE CARPENTIER DE JUVIGNY

PORTE : *D'azur au chevron d'or, accompagné de deux étoiles de même, en chef et d'un croissant d'argent en pointe.* SUPPORTS : *Deux lions, celui à senestre passant.* TIMBRE : *Une couronne de comte.*

La Famille DE CARPENTIER paraît être originaire de l'ancienne province du Vermandois. Tout porte à croire qu'au xvie siècle, elle s'était fixée dans la ville de Saint-Quentin. En effet, son premier auteur connu, Jean, premier du nom, y épousa Jeanne Louzé, dont le père était Mayeur de cette localité. On présume que Jean Carpentier fut anobli vers l'an 1580. Peut-être aussi la noblesse de sa Famille remontait-elle plus haut.

On a rapporté ci-dessus les armoiries prises ou octroyées par le prince. Le titre original n'existe plus, et malheureusement aussi, nombre de Maisons des plus considérables sont aujourd'hui dans le même cas. Il suffira de rappeler, pour expliquer tant de lacunes regrettables dans les archives des Familles, les auto-da-fés politiques à la fin du xviiie siècle (1), de tous les documents nobiliaires officiels, de tous les livres héraldiques qui se trouvaient à portée, des parchemins concernant soit les Chapitres nobles ou les preuves exigées pour les honneurs de la Cour, pour l'admission à de certains emplois civils ou militaires. Il faut encore citer l'indifférence qu'on affectait de manifester depuis, en ce qui touchait cette matière, dont l'importance morale était cependant évidente.

Il existe toutefois, après ce grand naufrage, outre la tradition constante, des preuves matérielles de l'authenticité des armoiries de la famille De Carpentier. Ainsi, on a conservé : « *Exhortation d'une mère à ses enfants et petits-enfants, après plus de cinquante ans de mariage.* » Cette pièce, empreinte d'un caractère religieux, édifiant et patriarcal, comme on en pourra juger à la lecture, est signée Louis Carpentier et Marguerite de La Noys. On l'a gravée en taille-douce, pour la distribuer sans doute aux membres de la famille, et sous le règne de Louis XIV, d'après le goût des ornements du cartouche où figure l'écu des Carpentier. De plus, le cachet de Jean François, marié à Marie de Beauvisage, antérieur par conséquent à 1790, est parfaitement conforme à l'écusson de Louis Carpentier, que nous venons de rappeler.

A l'égard des qualités de seigneurs des Tournelles, de Lizy, de Juvigny, les explications qui suivront dans le cours de cette généalogie, les pièces produites à l'appui, prouveront surabondamment la possession de ces mêmes qualités, suivant les règlements du droit féodal, comme Lettres de foi et hommage, etc.

Le roi Louis XV, dans un brevet de chevalier de St-Louis, octroie la particule *de* à François II de Carpentier, de qui sont descendus directement les représentants actuels du nom.

Il serait superflu de poursuivre plus loin cet exposé préliminaire, surtout en ce qui touche les générations présentes de la famille DE CARPENTIER, connue et respectée depuis si longtemps dans les terres de ses pères, qu'elles

---

(1) Entre autres, le marquis de Condorcet fit brûler publiquement, à Paris, en 1792, sur la place Maubert, plus de 600 volumes in-folio, tirés des dépôts publics de la capitale, et qui contenaient tous les actes produits, tant par les Maisons nobles, que par les Chapitres et les Officialités.

La même mesure atteignit les archives provinciales, et de plus, on tria ensuite les chartes sur vélin, sans autre examen que celui de leur dimension, pour faire des gargousses. Qu'on s'étonne alors de la rareté des pièces originales.

ont conservées (1). Ce témoignage public, si flatteur, n'est pas sans enseignement très-sérieux, si on songe aux vertus chrétiennes, si bien pratiquées, si touchamment exprimées de Louis Carpentier et de Marguerite de La Noys, à la bravoure, à la probité, à la vie intègre de ceux qui les suivirent, aux alliances respectables et brillantes qui en furent le prix.

(1) On lit dans la *Semaine du Vermandois,* en juin 1858, un article nécrologique, par M. l'abbé Gourmain, sur Henriette-Elisabeth CARPENTIER, mariée à M. Du Hal, colonel d'infanterie, et qui commence ainsi : « Ce fut à Soissons, l'an 1767, que naquit Henriette-Elisabeth, *d'une antique et noble famille du pays, qui possédait et possède encore, à Juvigny, une terre patrimoniale d'une haute importance.* C'était là que messire François Carpentier, son père, après avoir, selon la coutume traditionnelle de sa famille, passé sa jeunesse dans les armées du roi, était venu fixer son âge mûr et se préparer une honorable vieillesse dans les devoirs et les joies tranquilles de la famille. C'était, avant la révolution, l'invariable coutume de la noblesse Picarde, d'envoyer chaque enfant mâle payer sa dette au service du roi ; on en revenait quelquefois quinze ou vingt ans après, souvent avec un membre de moins, presque toujours avec le cordon rouge et une pension sur la cassette royale, et on s'intitulait bravement : *Ancien officier des armées de Sa Majesté.* Noble et chevaleresque pratique qui reliait toutes les grandes familles au prince toujours respecté, et a plus d'une fois sauvé la France dans les temps périlleux. » Madame Du Hal mourut presque centenaire, après avoir vécu sous dix gouvernements ; son fils unique, plein d'espérance, fut tué au service de la France, à Leipsick, en 1813.

LIGNE DIRECTE.

I⁰ʳ degré. JEAN I CARPENTIER, premier auteur connu, épousa Jeanne Louzé ; de ce mariage naquirent :

Antoine et Elisabeth ; cette dernière mourut sans alliance en 1624.

II⁰ degré. ANTOINE CARPENTIER épousa en premières noces Marie Des Jardins (1), dont il eut neuf garçons et une fille ; trois garçons seulement survécurent : Claude, avocat, mort célibataire en 1633 ; Philippe, Jean II.

La deuxième femme d'Antoine Carpentier fut Jeanne de Magny, d'où naquirent Anne, Antoine Carpentier de Mercaulieu (2), Elisabeth, Marie.

(1) La Famille Des Jardins, éteinte aujourd'hui dans sa postérité masculine, était encore représentée à S¹-Quentin, en 1855, dans la personne de M. N.... Des Jardins, président honoraire du tribunal civil. Un Jean Des Jardins mourut premier médecin de François I⁰ʳ, en 1547.

(2) Ce nom de Mercaulieu était probablement celui d'un fief.

IIIᵉ degré. PHILIPPE CARPENTIER épousa, 1° Florence Basin, fille de Claude
Basin, intendant de la généralité de Soissons, en 1640. Il en eut Jean III
Carpentier, qui suit; Marie, religieuse; Florence, mariée en premières noces
à François de Maucroix, dont un fils, nommé aussi François ; elle se remaria
avec Louis Le Paon, dont Claude et Louise Le Paon, laquelle épousa plus
tard Louis Amiot.

Philippe Carpentier convola en secondes noces avec Antoinette de Mory,
dont Charles Carpentier, Jérôme, Antoinette, Marguerite, Quentin.

IVᵉ degré. JEAN III CARPENTIER vivait en 1620, épousa Anne Bottée (1),
dont il eut treize enfants : Jeanne, Jean, Marie, Anne, Nicolas, Charlotte,
Antoine, religieux ; Philippe, Louis, Marguerite, Justine, Quentin, Claude.
La postérité de Jean III n'a pas laissé de traces connues.

PREMIÈRE BRANCHE

DES SEIGNEURS DES TOURNELLES, DE LIZY ET DU FOUR BANAL DE JUVIGNY.

Aux troisième et quatrième degrés, la Famille Carpentier s'est subdivisée
en plusieurs branches dont les rameaux se sont perdus, à l'exception de
celle issue de Jean II Carpentier, laquelle s'est continuée jusqu'à présent, en
ligne masculine et directe, comme il suit :

(1) Famille noble du Soissonnais, porte: *D'azur au soleil d'or, accompagné de trois cœurs de
même, deux en chef, un en pointe.* Philippe Bottée était seigneur de Corcy, vers 1590 ; son
fils, id., en 1606 ; Philippe, fils de Daniel, id., en 1621 ; Pierre-Marie Bottée était seigneur de
Lavaqueresse, fort village du département de l'Aisne ; il mourut de ses blessures reçues à la bataille de
Marsailles. Germain Bottée, de Boufûer, son frère, fut aussi seigneur dudit lieu, après lui. Nicolas-
Claude Bottée était seigneur de Malval, en 1781.

IIIe degré. JEAN II CARPENTIER, troisième fils d'Antoine Carpentier et de Marie Des Jardins, épousa 1° Jeanne de La Perrière. Une ordonnance de jussion de Louis XIV, du 27 juillet 1638, le qualifie chevalier, Seigneur Des Tournelles (1) et du fief du four banal de Juvigny (2), conseiller du roi et receveur des tailles en l'élection de Doullens.

De sa première femme, il eut Jean IV Carpentier, et Louis, qui suivra.

De son union postérieure avec Charlotte d'Ire, naquirent : François, mort en bas âge ; Marie, Anne, mariée à Claude Gorjon, dont Louis Gorjon, receveur des tailles à Doullens ; Louis-Claude Gorjon Des Fourneaux, Antoine-Louis Gorjon de Verville, commissaire des guerres.

(1) Le fief Des Tournelles était situé près de Juvigny : on voit encore aujourd'hui des vestiges des anciennes habitations. Une terre de 13 hectares et qui appartient toujours à la Famille, porte encore le nom de pièce Des Tournelles. Les fiefs de Lizy et de St-Martin dépendaient également du territoire de Juvigny.

(2) Juvigny, village de l'ancien Soissonnais, et qui fait partie du département de l'Aisne, était une ancienne résidence royale, où séjournait la reine Clotilde, lors de la bataille de Tolbiac, en 496. « Le roi Clovis revint victorieux, selon sa coutume, à Juvigny, dans le canton de Soissons, » nous apprend M. Henry Martin. Auparavant, en 481, avait eu lieu la bataille contre Syagrius. L'action s'engagea sur les bords de la rivière de l'Ailette, dans la plaine de Juvigny et au-dessus de Montécouvé, nom d'une ferme aux environs.

Juvigny fut sans doute donné en franc aleu et par munificence princière, selon les usages primitifs de la monarchie, et passa successivement en d'autres mains. Ce domaine appartint ensuite et appartient encore à la Famille Carpentier. Le château actuel de Juvigny provient probablement de la Famille de La Perrière, il est construit au milieu d'un enclos de 17 hectares, les jardins ont été dessinés par Le Nôtre ; la date de sa construction, empreinte sur une des tourelles, est de l'année 1620.

A l'égard de la qualification de seigneur Des Tournelles et du fief du four banal de Juvigny, nous observerons qu'en matière féodale, on reconnaissait deux sortes de droits : les droits honorifiques qui consistaient dans l'acte de foi et hommage, sans émoluments, et les droits utiles qui consistaient dans certains profits que les seigneurs retiraient des fiefs dépendant de leurs seigneuries. Ces droits n'étaient plus séparés l'un de l'autre, et impliquaient telle ou telle qualification, à la volonté du possesseur. Ainsi, de droit, le détenteur de plusieurs fiefs pouvait s'intituler de tel lieu de sa seigneurie, comme il lui plaisait, et comme partout on en voit des exemples. L'énoncé « et autres lieux » était la formule qui prévoyait le cas et au besoin y pourvoyait. Louis-Amable Carpentier n'est qualifié que sous la dénomination du sieur de Lizy (voir aux preuves) et les représentants actuels du nom de Carpentier ne sont pas autrement connus dans le pays, que sous la dénomination de Carpentier de Juvigny.

IVe degré. Jean IV Carpentier, fils ainé de Jean II et de Jeanne de La Perrière, épousa Gabrielle Gorjon (1), dont il n'eut pas d'enfants. Il mourut, en 1690, conseiller du roi et maître des eaux et forêts de Coucy.

(1) Il existe encore près d'Albert (Somme) une famille de Gorjon de Verville, qui, depuis 1700, n'a plus eu de rapport avec la famille Carpentier. Les liens de parenté ne sont cependant pas éloignés. M. Gorjon de Verville, directeur des douanes, à Mézières, aujourd'hui en retraite, habite Amiens.

DEUXIÈME BRANCHE

DES SEIGNEURS DES TOURNELLES, ETC.

Vᵉ degré. Louis CARPENTIER, fils cadet de Jean II et de Jeanne de La Perrière, écuyer, seigneur des Tournelles, Lizy et du four banal de Juvigny, conseiller secrétaire du roi, maison, couronne de France, et des finances de Paris, épousa Marguerite de La Noys, dont quatre garçons et trois filles :

François, né le 31 mars 1651, mort le 21 octobre 1721 ;

Eustache-Louis, né le 16 février 1652, mort le 21 avril 1732 ;

Joseph, né le 5 avril 1668 ;

Louis-Amable, né le 20 juin 1671 ;

Marie-Geneviève, née le 3 janvier 1658 ;

Marie-Louise, née le 3 juillet 1659 ;

Victime-Séraphique, née le 5 mai 1664, morte le 8 mars 1728.

Eustache-Louis Carpentier, président, trésorier de France en la généralité de Paris, épousa Marguerite de Trévet, dont il n'eut pas de postérité. Il mourut le 21 avril 1732, âgé de quatre-vingts ans, et fut inhumé dans l'église de St-Eustache, à Paris.

Joseph Carpentier, conseiller du roi, auditeur en la chambre des comptes, mourut également sans héritiers.

Louis-Amable Carpentier de Lizy, chevalier de Saint-Louis, ancien mousquetaire, puis commissaire de la première compagnie des gardes du corps du roi, épousa, le 10 février 1716, Elisabeth Thierry, de laquelle il n'eut pas d'enfants.

Marie-Geneviève Carpentier, sœur des précédents, épousa, le 28 octobre 1677, messire Jean-Baptiste Le Gras, conseiller du roi, vicomte et seigneur d'Acy, Serches, d'Huisy et autres lieux, dont : Nicolas Le Gras, vicomte d'Acy (1) ; Jean-Baptiste Le Gras, correcteur des comptes; Jean-Gabriel Le Gras, trésorier de France, à Soissons ; Louis Le Gras, capitaine au régiment de Chartres ; Marie-Gabrielle Le Gras, Marie-Louise Le Gras, religieuse à St-Paul.

Marie-Gabrielle Le Gras, fille de Marie-Geneviève Carpentier, épousa, le 19 juin 1700, Pierre-Étienne le Tonnelier de Breteuil, conseiller du roi au grand conseil, et en eut deux filles, l'une mariée à messire de Choiseul, marquis de Praslin, l'autre prit le voile.

Marie-Louise Carpentier donna sa main à Simon-Louis-Eustache Bertin de Dieuxivoye, conseiller du roi, correcteur des comptes, à Paris. Ses enfants furent : Louis-Amable de Dieuxivoye, correcteur des comptes, mort sans postérité ; Louise, religieuse à Picpus ; N... Dieuxivoye, qui épousa messire Louis Poumet de La Blinière, secrétaire du conseil de France, dont un fils et trois filles. Le premier, maître des requêtes, mourut sans hoirs ; une fille épousa M. le président de Menière, dont il n'eut point de postérité ; l'autre, M. le président de Volnay, dont postérité ; la troisième, M. de Bertillac, colonel de dragons, d'où naquit une fille, mariée à M. le comte d'Allonville, dont un fils, Louis, comte d'Allonville, conseiller d'État, officier de la Légion-d'Honneur, préfet de la Somme, puis de la Meurthe, où il a laissé les plus excellents souvenirs. A ses talents d'administrateur, il joignait la science la plus profonde de l'antiquaire.

VIe degré. FRANÇOIS I CARPENTIER, fils aîné des précédents, écuyer, seigneur des Tournelles, Lizy et du four banal de Juvigny, conseiller du roi, président trésorier de France en la généralité de Soissons, épousa Madelaine Le Gras (2), dont : François II Carpentier, Marie-Gabrielle, religieuse à Soissons; Marie-Anne, Marie-Marguerite, religieuse à Soissons.

(1) Messire Nicolas Le Gras n'eut qu'une fille unique, laquelle porta en dot la terre d'Acy, dans la maison de Folleville, en épousant M. le marquis de Folleville, seigneur de Manoncourt et autres lieux. On voit par là que madame la marquise de Folleville est la petite-fille de Marie-Geneviève de Carpentier, et cousine germaine de M. de Choiseul-Praslin, dont la femme était également petite-fille de Marie-Geneviève par le mariage de Marie-Gabrielle Le Gras, sa fille.

(2) Elle était sœur de Sébastien et d'Antoine Le Gras, antique famille du Soissonnais. Sébastien, vicomte d'Acy, seigneur dudit lieu , de Serche, d'Huisy et autres lieux, eut une fille unique, Elisabeth-

Marie-Anne Carpentier, susnommée, épousa messire de Lamiré de Caumont, d'où naquirent deux fils, morts sans postérité, et deux filles. L'une épousa messire de Saint-Blimont, dont la fille devint princesse de Berghes (1); l'autre, Geneviève-Charlotte de Caumont, s'unit à messire Jean-Baptiste Du Passage, chevalier, seigneur de Sainte-Segrée, et qui en eut : le chevalier Du Passage, N... de Sainte-Segrée, morte sans alliance ; N... Du Passage, mariée à messire Morel de Boncourt (2) ; N... Du Passage épousa M. de Lannoy (3), ancien officier de marine, chevalier de Saint-Louis.

Lors de l'enquête, en 1666, la Maison Du Passage prouva six races depuis 1490. Porte : *De sable à trois faces ondées d'or.*

VIIe degré. FRANÇOIS II CARPENTIER, fils de François Carpentier, premier du nom, et de Madelaine Le Gras, chevalier, seigneur des Tournelles, Lizy, Juvigny, etc., commissaire des gardes du corps du roi, chevalier de Saint-Louis, eut pour femme demoiselle Suzanne-Henriette Allier, dont : Geneviève-Henriette, Jean-François Carpentier des Tournelles, Eustache-Antoine Carpentier de Lizy.

Françoise Le Gras, mariée à messire Charles-François de Ronty, vicomte de Suzy et Cessières, major de la compagnie écossaise du roi, maréchal-des-camps, lieutenant-général des armées du roi, grand'croix de l'ordre royal et militaire de Saint-Louis, mort le 30 mars 1772, sans postérité, à l'âge de quatre-vingts ans. Dans l'enquête de 1666, les de Ronty-Suzy ont prouvé six races depuis 1358. Les armes des Ronty sont : *D'argent, à la bande de gueules, chargée de trois besans d'or.*

Antoine Le Gras eut un fils, Michel Le Gras de Chalmont, et une fille, mariée à M. Du Barail, morte sans postérité. M. de Chalmont eut de son union avec mademoiselle Messager, deux filles, l'une mariée au comte de Bouvrot, capitaine de dragons, l'autre restée célibataire.

(1) Par son mariage avec le prince Eugène de Berghes, d'où il résulte que la princesse de Berghes, sa femme, était la petite-fille de Marie-Anne Carpentier, épouse de messire de Lamiré de Caumont. M. le prince de Berghes, petit-fils de messire de Saint-Blimont, a épousé la fille de M. le baron Seillière.

(2) Le chevalier du Passage, petit-fils de Marie-Anne Carpentier, marié à mademoiselle de Valanglart, eut trois fils : Edouard, Casimir et Eugène ; sa sœur épousa M. Morel de Boncourt, eut quatre enfants : Olivier, célibataire ; Jules, officier de la Légion-d'Honneur, chef d'escadron d'état-major près de Son Excellence le duc de Magenta, marié à mademoiselle d'Humereuil ; Pauline, mariée à M. Le Caron de Troussuré, dont deux fils : Ludovic et Fernand ; Octavie, religieuse.

(3) M. de Lannoy eut trois filles, l'une mariée à M. de Chauvenet ; l'autre, Ernestine, mariée à M. de Marsilly ; la troisième, Gabrielle, mariée à M. Félix de Beauvisage de Senil, dont deux filles : Léonie, mariée à M. Gustave Branche ; l'autre, à M. Victor de Taffin, officier de la Légion-d'Honneur, colonel du 2e de cuirassiers.

Geneviève-Henriette Carpentier épousa Joseph-Charles David, baron de Proisy d'Eppes, vicomte d'Amifontaine, dont elle eut : 1° David Rosalie, baron de Proisy d'Eppes (1), qui se maria avec mademoiselle de Vignacourt (2), dont les deux fils, César et Ernest de Proisy, moururent sans postérité ; 2° Mademoiselle de Proisy d'Eppes, femme de M. le marquis d'Argent de Deux-Fontaine, dont elle eut un fils et une fille : Charles, marquis d'Argent de Deux-Fontaine, officier de l'Aigle-Rouge de Prusse, marié à mademoiselle de Bouville ; Françoise-Adelaïde d'Argent de Deux-Fontaine, mariée au comte de Dienne Du Puy de Chellade, dont il n'y eut pas de postérité ; 3° N.... de Proisy, religieuse à Laon.

Eustache-Antoine Carpentier de Lizy, chevalier, commissaire des gardes du corps du roi, chevalier de Saint-Louis, décéda sans hoirs.

VIII° degré. JEAN-FRANÇOIS CARPENTIER, chevalier, seigneur des Tournelles, Lizy, Juvigny et autres lieux, officier de la deuxième compagnie des mousquetaires du roi, chevalier de Saint-Louis, épousa Marie-Elisabeth de Beauvisage (3). Il mourut en son château de Juvigny, le 22 août 1800, laissant de son mariage : Elisabeth-Henriette Carpentier, Antoinette-Félicité, Marie, Amable-Louise, François, qui suivra.

Elisabeth-Henriette Carpentier épousa messire Louis-François-Alexandre-Calixte Du Hal, chevalier, colonel d'infanterie, chevalier de Saint-Louis, mort en 1814, dont elle eut Louis-François Du Hal, officier d'artillerie, tué en 1813, à la bataille de Leipsick. Elisabeth-Henriette décéda à Soissons, en 1839, âgée de quatre-vingt-onze ans, laissant une mémoire honorée.

Antoinette-Félicité Carpentier donna sa main à M. Chabaille d'Auvigny, garde-du-corps de M. le comte d'Artois, et en eut deux enfants : 1° Ernestine, née en 1792, mariée à M. Jean-Baptiste-Auguste de Batz, chevalier de la Légion-d'Honneur, directeur des contributions directes du département de l'Aisne, mort en 1847, elle en 1836, laissant : Mathilde, femme de M. Adrien Lenfumé de Lignières ; Marie, morte en bas âge ; Marthe, mariée à M. Tabuteau des Touches, chevalier de la Légion-d'Honneur, officier supérieur d'état-major ; 2° Louis Chabaille d'Auvigny, né en 1794, capitaine au 13° régiment

(1) Proisy, ancienne Famille du Laonnais, porte : *De sable, à trois lions d'argent, armés et lampassés de gueules, 2-1.*

(2) Porte : *De gueules, chargé de trois fleurs de lys d'argent.*

(3) Seigneurs de Guny, village de l'ancien Soissonnais, sur la rive gauche de l'Ailette, département de l'Aisne. Porte : *D'or, à trois bandes d'azur, au chef endenté de gueules.*

de chasseurs à cheval, marié, en 1829, à mademoiselle Athenaïs de Beauvisage de Seuil, dont il eut quatre enfants : 1° Louise, épousa M. de l'Escaille, mourut sans postérité ; 2° Casimir, officier au 3° régiment de hussards, marié, en 1839, à mademoiselle Félicie de Gerbrois ; 3° Ernestine, morte en bas âge ; 4° Henry, officier au 3° régiment de hussards.

Marie Carpentier épousa M. Alain-Germain-Hyacinthe Gehier, dont : 1° Françoise-Madelaine Gehier, mariée en premières noces à M. Félix Du Bos, capitaine de la garde royale, chevalier de la Légion-d'Honneur, dont Herminie et Félix Du Bos ; en deuxièmes noces à M. Esperou, docteur en médecine, à Paris ; 2° Elise Gehier, qui épousa M. Jarry, agent de change, à Paris, dont quatre filles : Aline, Thérèse, Marthe, Valentine.

Amable-Louise Carpentier épousa M. de La Haye, officier du génie, mort en 1816, à Paris ; elle n'eut pas d'enfants et mourut le 4 août 1852.

IX° degré. FRANÇOIS III CARPENTIER, né en 1779, seigneur des Tournelles, Lizy, Juvigny et autres lieux, mousquetaire de la garde du roi Louis XVIII, épousa, en 1806, mademoiselle André-Remy Danré de Loupeigne (1), décédée le 28 février 1819, à Soissons. De cette union naquirent : 1° Pierre-François-Hippolyte ; 2° Elisabeth-Louise ; 3° Antoine-Félix.

Pierre-François-Hippolyte Carpentier, né le 21 novembre 1806, inspecteur de 1re classe des contributions directes du département de la Meurthe, épousa, le 27 novembre 1837, demoiselle Louise-Marie-Aline-Henriette de Lignières (2), dont une fille unique, Aline-Françoise Carpentier, mariée le

---

(1) M. Danré de Loupeigne eut, de son mariage avec mademoiselle Clozier, trois filles : la première, mariée à M. Clicquot de Toussicourt ; la seconde, à M. François Carpentier ; la dernière, à M. Deu de Viendampierre, dont une fille unique, qui épousa M. de Barthelémy, ancien préfet, commandeur des ordres de la Légion-d'Honneur et d'Isabelle la Catholique d'Espagne.

Mademoiselle Danré d'Armancy, sœur de M. Danré de Loupeigne, se maria avec messire Lescarbotte de Beaufort, dont elle eut un fils, N.... de Beaufort, marié à mademoiselle Héricart de Thury, dont deux filles, Amélie et Victorine ; la première épousa M. Loisson de Guinaumont ; la seconde fut mariée à M. Adrien de Blavette, dont une fille, comtesse de la Ville-Beaugé.

(2) Lignières porte : *D'argent, à la croix ancrée de gueules ; supports, deux lions contournés au naturel, ornés et lampassés de gueules, timbrés d'une couronne de comte.*

Le grand écu écartelé aux 1ers. Lameth : *De gueules à la bande d'argent, accostée de six croix recroisettées, au pied fiché de même, mises en orle.*

2° De Mouchy : *De gueules chargé de trois maillets d'or, 2-1.*

3° De Rénty : *D'or, à trois doloires de gueules, mises en gironnant.*

15 novembre 1859, à M. Paul-Michel-Ange de Maussion (1), garde-général des forêts.

Elisabeth-Louise Carpentier épousa , en 1832 , M. Henry-Jacques-Félix-Philippes de Gerbrois (2), officier de cavalerie, dont 1° Marie de Gerbrois, mariée à M. Aymar de Chauvenet de Parpeville, dont Louise de Chauvenet (3) ; 2° Félicie de Gerbrois, mariée à M. Casimir d'Auvigny, dont Charles–Marie d'Auvigny, né en 1860.

4° De Baugier : *D'azur chargé d'un chevron d'or, écimé et partagé de même en chef et en pointe, surmonté d'une croix à deux croisillons et accosté de 3 étoiles de même, 2 en chef, 1 en pointe.*

M. Henry, comte de Lignières, chevalier de la Légion-d'Honneur, ancien officier au 1ᵉʳ régiment des chasseurs à pied de la vieille garde impériale, épousa mademoiselle Aline de Baugier Bignipont, seigneur de Fontaine , etc., dont il eut : 1° Gustave, capitaine au 2ᵉ hussards , marié à mademoiselle Louise de Maussion ; 2° Gabriel , capitaine au 2ᵉ tirailleurs algériens , marié à mademoiselle Marie de La Gastine ; 3° Henriette, mariée à M. P.-F.-H. Carpentier ; 4° Emma, qui épousa M. le baron d'Estrées, et morte sans postérité.

(1) Porte : *D'azur, au chevron d'or, accompagné en chef de deux étoiles de même, et en pointe d'un pin enraciné de sinople.* Paul-Michel-Ange de Maussion , fils de M. Jean-Thomas-Emi-lien de Maussion , chevalier de l'ordre de Charles III d'Espagne , et de dame Joséphine-Laure de Gerbrois, avait pour aïeul paternel, Louis de Maussion, seigneur de Fossoy, officier de marine, puis recteur de l'Académie d'Amiens, préfet de la Moselle, chevalier de St-Louis et de l'Aigle-Rouge de Prusse.

M. Jean-Thomas-Emilien de Maussion avait pour oncle paternel M. de Maussion, député de l'Aisne sous la Restauration, et qui épousa mademoiselle de Berthould, dont il eut trois filles : la première, mariée à M. De Blécourt ; la seconde, à M. le comte de St-Vallier ; la troisième, à M. le comte de Latour-Dupin-Chambly.

M. J.-T.-Emilien de Maussion , chevalier de l'ordre royal de Charles III d'Espagne, épousa mademoiselle Laure de Gerbrois, d'où naquirent : 1° Georges , officier au 2ᵉ hussards ; 2°, Paul-Michel-Ange, sus-nommé ; 3° Louise, mariée à M. le comte Gustave de Lignières , capitaine commandant au 2ᵉ hussards.

Ange de Maussion , frère aîné de M. J.-T.-Emilien, colonel d'état-major, officier de la Légion-d'Hon-neur, commandant la place d'Oran, fut tué à peu de distance de cette ville , par des arabes embusqués. Il avait épousé N... de Menerville, veuve Burgues de Miciessy, dont une fille unique, Marie de Maussion.

(2) Messire Philippes de Gerbrois, chevalier de St-Louis, ancien officier de cavalerie, eut de son mariage avec mademoiselle Marie du Frenoy : Henry-Jacques-Félix de Gerbrois ; 2° Charles de Mon-cheton de Gerbrois, officier de la Légion-d'Honneur, colonel du 1ᵉʳ régiment de hussards , marié avec mademoiselle Charlotte d'Espagne ; 3° Joséphine-Laure, qui donna sa main à M. Jean-Thomas-Emi-lien de Maussion.

(3) Bonne famille du Vermandois, porte : *De gueules à deux gerbes d'or,* Milon , *alias* , Emilion de Chauvenet était en 1643 seigneur de Lesdins (département de l'Aisne). Cette famille embrassa par-ticulièrement la carrière des armes. Louis de Chauvenet, fils d'Alexandre, capitaine au régiment de la couronne, chevalier de St-Louis, fut tué à la bataille de Fontenoy.

Antoine-Félix Carpentier, capitaine au 10° régiment de dragons, épousa mademoiselle Amélie-Luglienne d'Ainval (1), dont 1° Maurice Carpentier ; 2° Fernand ; 3° René Hippolyte ; 4° Marie-Amélie-Henriette , née le 7 août 1860.

————

A la suite de cette généalogie, dressée d'après tous les documents recouvrables, il est utile de mentionner aussi une famille de Carpentier (*de gueules, au chevron d'argent accompagné de trois molettes d'or*) ; aujourd'hui éteinte et dont la filiation se rattache peut-être à celle de Carpentier de Juvigny, ce que fait présumer une alliance avec Jean Le Thoillier de Guillebon, en 1621. Quoi qu'il en soit, l'origine semblable du Vermandois, le rapprochement des armes qui sont presque les mêmes, sauf la couleur de l'écu qui indiquerait une branche aînée, les molettes au lieu d'étoiles, le tout conforme en ce cas aux règles du blason, pour différencier les degrés, favorisent cette conjecture. Il est à remarquer que la filiation ci-après a été conservée dans les titres de la Famille de Carpentier de Juvigny, d'où nous l'extrayons.

————

Ier Degré. JEAN DE CARPENTIER, chevalier, seigneur de Villecholle et Attilly, qui vivait en 1534, épousa Jeanne de Fontaine, dont 1° Jasmes qui suivra ; 2° Luce, femme d'Antoine de Mailly, chevalier, seigneur de Fontaine, Notre-Dame, etc..., sénéchal du Vermandois ; 3° Françoise, mariée le 28 novembre 1568, à François Des Fossez, chevalier, seigneur de Montigny en Arouaise, des

(1) M. D'Ainval, propriétaire au château de Frétoy, canton de Maignelay, département de l'Oise, eut trois filles, dont l'aînée N...., mariée à M. Guimet de Juzancourt, chevalier de la Légion-d'Honneur, ancien officier de cavalerie ; Amélie Luglienne, mariée à M. Antoine-Félix Carpentier ; Marie d'Ainval.

grands et petits Rouy, Morteau, etc., gouverneur des ville et château de Ribemont, près St-Quentin, en Picardie, dont postérité.

II° degré. JASMES DE CARPENTIER, chevalier, seigneur de Villecholle et
Atuily, épousa Jeanne de Luce, veuve de Jean Audron, gouverneur du Cate-
let, dont Jean et Claude.

III° degré. I. JEAN DE CARPENTIER, chevalier, seigneur des lieux avant dits,
épousa, le 27 juillet 1591, Jacqueline Des Fossez, fille de Wallerand, chevalier, seigneur de Sissy, gouverneur de Ribemont, et de Gabrielle de
Crécy, sa troisième femme, il eut : 1° François ; 2° Philbert ; 3° Charles ;
4° Renée, qui épousa le 12 juillet 1621, Jean Le Thoillier de Guillebon, chevalier, seigneur de Beauvoir.

II. CLAUDE, frère de Jean sus-nommé, chevalier, seigneur de Fontaine-
Utertre, épousa Marie de Fontaine, dont Charles, chevalier, seigneur de
Fontaine-Utertre, et Claude dit de Villecholle, chevalier, seigneur de
Courte-Manche.

IV° degré. FRANÇOIS DE CARPENTIER, seigneur de Villecholle, etc., épousa
Ursule de Heulles.

V° degré. ALPHONSE-HENRY DE CARPENTIER, seigneur de Villecholle.

FIN

DE LA GÉNÉALOGIE

DE LA FAMILLE

DE CARPENTIER DE JUVIGNY.

PIÈCES JUSTIFICATIVES.

I. « *Exhortation d'une mère à ses enfants et petits-enfants après cinquante ans de mariage*.

» Mes très-chers enfants, je ne sçaurois assez vous exprimer la joie que j'ai de vous voir tous, et de pouvoir vous embrasser, étant arrivée à la cinquantième année accomplie du jour qu'il a plu au Seigneur de me donner votre très-cher père pour mon aimable et fidèle époux. Si je regarde la miséricorde de Dieu sur moi et sur lui, nous n'avons que des actions de grâces à lui rendre, de nous avoir prolongé une vie assez longue pour voir nos enfants et les enfants de nos enfants, qui est la consolation et la récompense qu'il promet à ceux qui le servent avec amour et fidélité. Mais si je considère ce que je suis et tous mes défauts, et mon peu de correspondance à ses grâces, je reste en même temps dans la confusion, ne croyant pas que mes yeux puissent verser assez de larmes pour effacer les péchés que je puis avoir commis, tant en qualité de chrétienne, qu'en qualité de votre mère. J'appréhende avec juste raison de n'en avoir pas rempli avec l'exactitude que je devois, toutes les obligations, et d'avoir donné plus de soins à

vous élever dans l'esprit du siècle, que dans sa sainte loi. Je ne puis , mes
chers enfants, vous dissimuler la consternation d'esprit où je suis, de
crainte que le bien qu'il a plu à son ineffable bonté de départir à cette
famille, ne soit pour elle un sujet de condamnation. Vous pouvez, par vos
prières et par vos aumônes, obtenir du ciel le pardon d'une mère qui vous
a peut-être trop aimés selon la chair, et trop peu selon Dieu. Réparez, je
vous conjure, tous ces manquements par une bonne et sainte vie ; ne re-
gardez et consultez que Dieu dans toutes vos actions ; servez-le avec crainte
et amour ; bénissez-le dans tous les états où il plaira à sa divine Providence
de vous mettre. Entendez dévotement la sainte messe tous les jours, autant
que vous pourrez ; assistez au service divin avec une véritable dévotion, et
n'oubliez jamais de prier Dieu qu'il fasse miséricorde à votre père et à une
mère qui vous aime tendrement ; afin que lorsqu'il lui plaira de m'attirer à
lui, vous soyez ma consolation, et que je puisse lui dire expirant entre vos
bras, comme le juste Siméon : Laissez aller votre servante en paix.

» Louis Carpentier.   Marguerite de La Noys. »

II. *Diplôme de licencié en droit canon, délivré à* François I Carpentier,
par l'Université d'Orléans, le 24 *novembre* 1678.

III. *Certificat de congé pour* Louis-Amable Carpentier de Lizy, *mousquetaire du roi Louis XIV.*

« Maupertuis, capitaine-lieutenant de la première compagnie des mousquetaires à cheval de la garde du roy, lieutenant-général des armées de Sa
Maiesté et gouuerneur de Saint-Quentin.

Certifions à tous ceux qu'il appartiendra, que le sieur de Lizy a bien serui
dans ladite compagnie, pendant trois ans et neuf mois, et desirant se retirer,
nous luy auons fait expédier son congé. Fait à Paris, ce 16e février 1696.

» Maupertuis. »

IV. *Foy et hommage de messire* JEAN-FRANÇOIS CARPENTIER, *pour le fief du four banal de Juvigny.*

« Aujourd'hui 7ᵉ jour de Février 1777, au Mandement de messire Jean-François Carpentier, chevalier, seigneur des Tournelles, Lizy et autres lieux, chevalier de l'ordre royal et militaire de Saint-Louis, ancien officier de la seconde compagnie des mousquetaires du roi, demeurant en cette ville de Soissons, fils aîné et héritier de défunt Messire François Carpentier, vivant chevalier, seigneur desdits lieux, chevalier de l'ordre royal et militaire de Saint-Louis, commissaire de la première compagnie des gardes du corps du roi, lequel était fils et héritier de défunt François Carpentier, vivant écuyer, seigneur desdits lieux, conseiller du roi, président trésorier de France au bureau des finances dudit Soissons, qui était fils et héritier de Louis Carpentier, vivant écuyer, conseiller secrétaire du roi, Maison, couronne de France et de ses finances.

» Nous notaires royaux à Soissons y résidens soussignés,

« Nous sommes avec mondit sieur Carpentier transportés en la maison de messire Firmin de Sévelinges, chevalier, seigneur d'Epagny, la Tour, Bretigny, la Boissière, Cavoye, Lorsignol, fief de la Motte et autres lieux, où étant, nous aurions demandé à parler à mondit sieur de Sévelinges, et parlant à sa personne, mondit sieur Carpentier lui aurait dit qu'il venait le prier de recevoir la foy et hommage qu'il devait lui faire et porter pour raison du fief du four banal de Juvigny, situé en la paroisse dudit Juvigny, relevant en plein fief, foy et hommage de mondit sieur de Sévelinges, à cause de sadite terre et seigneurie d'Epagny, la Tour, Bretigny et fief de la Motte ; à laquelle demande mondit seigneur de Sévelinges ayant consenti, mondit sieur Carpentier s'étant en présence de nous dits notaires, mis en devoir de vassal, aurait dit et déclaré à haute et intelligible voix, qu'il faisait et portait à mondit seigneur de Sévelinges, à ce présent et acceptant, la foy et hommage et serment de fidélité qu'il est tenu de lui faire et porter, pour raison dudit fief du four banal de Juvigny relevant en plein fief, foy et hommage de ladite terre et seigneurie d'Epagny ; promettant mondit sieur Carpentier d'acquitter les droits seigneuriaux qui peuvent être dus et qui n'auraient pas été payés à mondit seigneur de Sévelinges pour raison dudit fief du four banal de Juvigny, appartenances et dépendances, de lui en fournir l'aveu et dénombrement dans le temps porté par la coutume, et à mondit sieur

Carpentier payé à mondit seigneur de Sévelinges, ce reconnaissant, le droit
de chambellage dû conformément à la coutume de Vermandois. Fait et passé
audit Soissons en la maison de mondit seigneur de Sévelinges, l'an et jour
susdits, et ont signé avec nous dits notaires à la minute des présentes.
Signé Bedel, Moreau, notaires. »

(Suit la description du fief et ses dépendances.)

V. *Lettre de jussion du roi Louis XIV, désignant les titres et qualités
de messire* JEAN CARPENTIER, *du 27 juillet 1658.*

« Louis, par la grâce de Dieu, roi de France et de Navarre, au premier
notre huissier ou sergent sur ce requis, salut : de la partie de notre amé
Jean Carpentier, seigneur des Tournelles et du fief du four banal, situé à
Juvigny, notre conseiller, receveur des tailles en l'élection de Douelens, nous
a été exposé, etc. »

(Suit l'ordonnance, 22 juillet 1658.)

VI. *Lettre du roi Louis XV, accordant le brevet de chevalier de Saint-
Louis à messire* FRANÇOIS II CARPENTIER, *commissaire des gardes du corps
du roi, compagnie de Noailles, octroie la particule de.*

« Mons de Carpentier, la satisfaction que j'ai de vos services m'ayant
convié à vous associer à l'ordre militaire de Saint-Louis, je vous écris
cette lettre pour vous dire que j'ai commis le sieur de Ganges, gouverneur de l'hôtel royal des Inualides et commandeur dudit ordre, pour, en
mon nom, vous receuoir et admettre à la dignité de cheualier de Saint-Louis,
et mon intention est que vous vous adressiez à luy, pour prester en ses
mains le serment que vous êtes tenu de faire en ladite qualité de cheualier
dudit ordre, et receuoir de luy l'accolade et la croix que vous deuez doresna-
uant porter sur l'estomac, attachée d'un petit ruban couleur de feu, voulant
qu'après cette réception faite, vous teniez rang entre les autres cheualiers
dudit ordre et jouissiez des honneurs qui y sont attachés, et la présente
n'étant pour autre fin, je prie Dieu qu'il vous ait, Mons de Carpentier, en
sa sainte garde. Ecrit à Versailles, le vingt-deuxième may 1755.

» LOUIS.

» Suscription : à Mons de Carpentier, commissaire ordinaire de mes guerres et de la compagnie de Noailles, des gardes de mon corps. »

On a vu plus haut Louis-Amable Carpentier être qualifié de sieur de Lizy. Il résulte de la teneur du brevet octroyé à François II Carpentier, que celui-ci avait le droit de prendre la particule *de*, par sa naissance et la notoriété, ou en définitive qu'il la tint du prince, à l'imitation de ce qui s'est passé dans les dernières guerres, où le souverain appela successivement dans le même jour, un officier qui s'était particulièrement distingué, pour les grades de lieutenant, de capitaine et de commandant. La particule est donc bien acquise à la Famille Carpentier, et quant à la qualification de Carpentier de Juvigny, nom sous lequel elle est connue de temps immémorial, pour ainsi dire, l'exemple du sieur de Lizy prouve de plus que cet énoncé n'a rien que de conforme au droit féodal rigoureusement observé alors. M. Pierre-François-Hippolyte, sur son diplôme de bachelier ès-lettres, délivré le 2 octobre 1824, est dénommé Carpentier de Juvigny.

VII. *Certificat de bons services rendus par* FRANÇOIS II CARPENTIER.

« Je certifie à tous ceux qu'il appartiendra, que M. Carpentier a été reçeu commissaire dans la compagnie de Noailles des gardes du corps du roy, en l'année 1697, et qu'il a toujours servy avec distinction dans ladite charge jusqu'à présent, et qu'il a fait toutes les campagnes de la dernière guerre. Il avoit été quatre ans mousquetaire avant d'acquérir ladite charge, en foy de quoy nous lui avons donné le présent certificat pour luy servir et valoir en tout ce qui sera de raison. Fait à Versailles, le 28 août 1733.

         » (Signé LABILLARDRIE.) »

         (Sceau aux armes du signataire.)

VIII. *Décret royal conférant à* François II Carpentier *l'office de président trésorier de France, à la généralité de Soissons.*

« Louis, par la grâce de Dieu, roi de France et de Navarre, à tous ceux qui ces présentes verront, salut. Sçauoir faisons que pour la pleine et entière confiance que nous auons en la personne de notre cher et bien-amé le sieur François Carpentier, écuyer, et de ses sens, suffisances, probité, capacité, expérience, au fait de nos finances, fidélité et affection à notre seruice, et mettant en considération les seruices qui nous ont été rendus et au feu roy notre très-honoré seigneur et bisaïeul, par le défunt sieur François Carpentier, son père, dans les fonctions de l'office de notre conseiller président, trésorier de France, à Soissons, qu'il a exercé pendant près de quarante-deux années, avec autant de capacité et d'assiduité que d'intégrité, deuenu doyen de sa compagnie après trente années de seruice, il l'a présidée à la satisfaction du public et à celle de ses confrères. Il auait été excité à bien faire par les exemples et par l'éducation qu'il auait reçus de notre amé et féal conseiller, secrétaire, maison, couronne de France et de nos finances, le feu sieur Louis Carpentier, son père et ayeul de l'impétrant. Pour ces causes, nous lui auons donné et octroyé, donnons et octroyons par ces présentes, l'office de notre conseiller président, trésorier de France, général de nos finances en la généralité de Soissons que tenoit et exerçoit ledit feu sieur François Carpentier, son père, dernier titulaire, etc. Si donnons en mandement, etc. Car tel est notre plaisir. En témoin de quoi, nous auons fait mettre notre scel à ces présentes. Donné à Versailles le 24ᵉ jour du mois de décembre l'an de grâce 1722 et de notre règne le huitième.

» Par le Roy :

» Robinot. »

IX. *Lettres d'honneur pour le sieur* François Carpentier, *écuyer, président trésorier de France en la généralité de Soissons.*

« Louis, par la grâce de Dieu, roy de France et de Navarre, à nos amés et féaux conseillers les gens tenant notre chambre des comptes à Paris, présidents trésoriers de France et généraux de nos finances à Soissons, salut. Notre amé et féal le sieur François Carpentier nous ayant rendu service et au public pendant plus de trente années consécutives dans l'exercice de la charge de notre conseiller président trésorier de France et général de nos

finances en la généralité de Soissons, dont il a rempli les fonctions avec tout
le zèle, l'application et l'intégrité possible depuis le sept janvier mil sept
cent vingt-trois, qu'il y a été reçu en vertu de nos provisions du vingt-
quatre décembre mil sept cent vingt-deux jusqu'au neuf août dernier, nous
avons cru devoir lui donner des marques de la satisfaction que nous ressen-
tons tant de ses services que de ceux que nous a rendu dans la même
charge le sieur François Carpentier, son père, pendant l'espace de quarante-
deux années, en lui conservant les mêmes privilèges dont il jouissait avant
sa résignation, mais encore l'entrée et séance audit bureau avec voix délibérative en affaires de nos domaines seulement, persuadé que nous retirerons
beaucoup d'avantage de l'expérience qu'il s'est acquise dans les fonctions de
ladite charge; à ces causes et pour autres considérations, nous avons, audit
sieur François Carpentier, permis et accordé et par ces présentes signées de
notre main, lui permettons et accordons que nonobstant la résignation qu'il a
faite de sa charge en faveur du sieur Prévot, il puisse se dire et qualifier en
tous actes et en toutes occasions notre conseiller président trésorier de
France et général de nos finances honoraire en la généralité de Soissons,
qu'il jouisse de tous les droits, honneurs, prérogatives, prééminences, fran-
chises, immunités, exemptions et privilèges attribués à ladite charge, dont
il a joui ou dû jouir avant ladite résignation et dont jouissent ou doivent
jouir nos conseillers présidents trésoriers de France et généraux de nos
finances honoraires, lui permettons en outre par ces présentes d'assister et
prendre place audit bureau, tant aux audiences qu'en la chambre du conseil, en toutes assemblées ordinaires et extraordinaires, d'y avoir rang
scéance du jour de sa réception avec voix délibérative ès-affaires de nos
domaines seulement, sans néanmoins que pour raison de ce il puisse pré-
tendre aucuns gages, épices, droits ni émoluments attribués à ladite charge.
Sy vous mandons et enjoignons que ces présentes vous ayez à faire registrer
et de leur contenu, jouir et user ledit sieur Carpentier pleinement et paisi-
blement, cessant faisant cesser tous troubles et empêchements contraires.
Car tel est notre plaisir. Donné à Versailles le vingt-septième jour de
septembre l'an de grâce mil sept cent cinquante-quatre et de notre règne le
quarantième.

» Signé Louis.

Par le Roy : Rouillé. (SceL.) »

FIN.

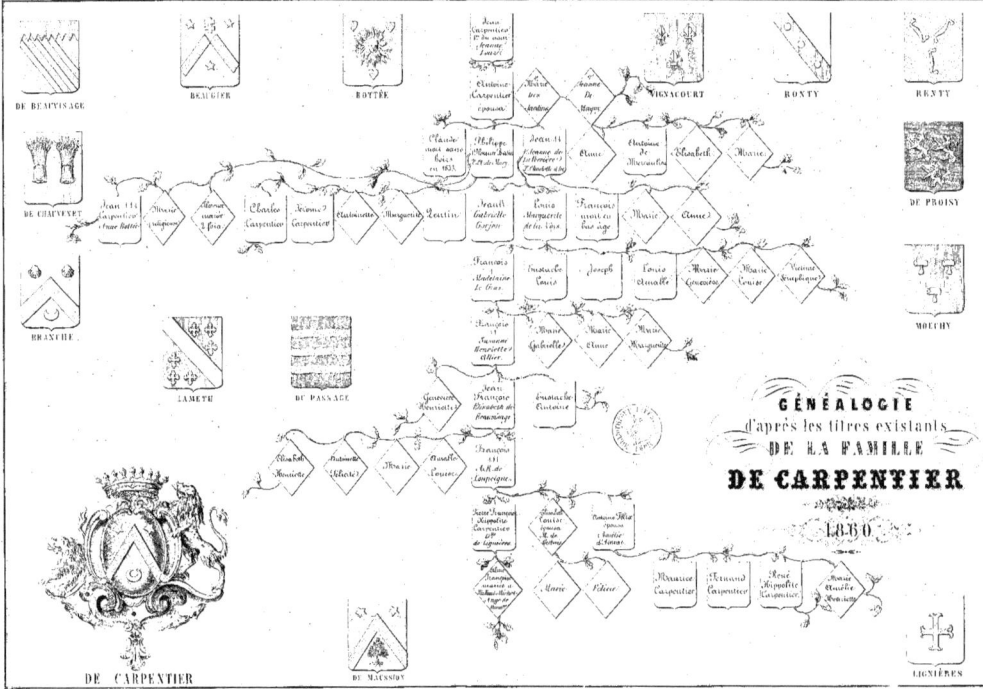

GÉNÉALOGIE
d'après les titres existants
DE LA FAMILLE
DE CARPENTIER
1880

DE BEAUVISAGE

BEAUGIER

ROYTRE

VIGNACOURT

RONTY

RENTY

DE CHAUVENET

DE PROISY

BRANCHE

MOUCHY

LAMETH

DU PASSAGE

DE CARPENTIER

DE MAUSSION

LIGNIÈRES

FAMILLE

DE CARPENTIER.

—

PREUVES SUPPLÉMENTAIRES.

———

Depuis l'impression de cette généalogie, il a paru utile, pour mieux fixer les dates et ajouter plusieurs particularités nécessaires, de donner un extrait succinct des pièces qui suivent. Par une occurence, peu commune par fois, on a pu notamment recueillir les contrats de mariage de la Famille De Carpentier, depuis 1607, jusqu'à nos jours. Cette série d'actes non interrompus, démontre avec la plus parfaite évidence, les filiations principales, établies dans le précis et le tableau généalogiques précédemment tracés. La mise en lumière de ces documents privés, tout en intéressant l'histoire des Familles, prévient aussi une disparition totale. De tout temps ces motifs ont été hautement appréciés, à ne considérer encore les généalogies que comme d'excellents prolégomènes de la science biographique.

JEAN CAYON.

1860   5··

ALLIANCES DE LA FAMILLE DE CARPENTIER.

———

DE LIGNIÈRES.

———

I. *Contrat de mariage*, entre *Jehan Carpentier*, fils d'*Antoine Carpentier*, et de feue damoiselle *Marie des Jardins*, et *Jehanne de La Perrière*, fille de noble homme, Jehan de la Perrière, et de damoiselle Marie De La Salle.

Fait et passé le mercredi 29 juin 1607.

II. *Contrat de mariage* par devant Mes Jean Le Caron et Estienne Colleron, notaires royaux à Paris, entre *Jehan Carpentier,* fils de Mre *Jehan Carpentier* et de feue *Jehanne de La Perrière,* sa femme ; le futur assisté de Mre Eustache de La Salle, conseiller du Roy, et correcteur ordinaire en sa Chambre des Comptes, cousin dudit Carpentier, et comme procureur dudit Carpentier l'aisné ; de Louis Carpentier le jeune, son frère, etc., et Damoiselle *Gabrielle Gorjon,* fille de noble homme Charles Gorjon, vivant sécretaire de la Chambre du Roy, et d'Anne de Randal, sa veuve : ladite *Gabrielle* assistée de Jacques Le Vergue, escuier, Sieur de Beauregard, son oncle ; de Gérard Hubert, époux de Marie Gorjon, sa tante ; de Claude Gorjon, son frère ; et de noble homme Pierre Guérin, payeur de la Gendarmerie de France, son cousin.

Du 25 août 1644.

Contrat de mariage entre *Louis Carpentier,* fils de *Jean Carpentier,* et de feue *Jeanne de La Perrière,* et *Marguerite De Lanois,* fille de deffunt Andre De Lanois, et Claude Le Tellier, sa veuve en dernière noces. Ledit *Louis,* assisté entr'autres personnes, de Haulte et puissante Dame, Madame Fabry, espouse de Hault et puissant Seigneur Messire Pierre Séguier, comte de Gien, chancelier de France.

Du 11 juin 1648 ; *et quittance des deniers délivrés, le 10 novembre suivant.*

IV. *Contrat de mariage* entre *Marie Geneviève Carpentier*, fille de *Louis Carpentier* et de *Marguerite De Lanois*, et *Messire Jean Baptiste Le Gras*, escuyer, vicomte de Serche, fils de Messire Nicolas Le Gras, escuyer, conseiller du Roy, trésorier général de France en la Généralité de Soissons, et de feue dame Visinier, sa mère. Dans ce contrat figure comme témoin Victime Séraphine Carpentier, et non Séraphique, comme il est rapporté constamment depuis, par altération.

Du 27 octobre 1677. Suit une quittance d'une somme de soixante et dix mille livres.

V. *Contrat de mariage* entre *François Carpentier*, écuyer, conseiller du Roy, trésorier général de finances, grand-voyer en la généralité de Soissons et maître particulier des eaux et forêts de Coucy et Laon-en-Vermandois, fils du sieur *Louis Carpentier* et de dame *Marguerite De La Noix*, assisté de Monsieur Jean Carpentier, conseiller du Roy, ancien maître des eaux et forêts, son oncle ; et Damoiselle *Madelaine Le Gras*, fille de deffunt Monsieur maître Sébastien Le Gras, vivant conseiller du Roy, président et lieutenant-criminel au présidial de Soissons, et de Dame Anne Chauchet, sa femme; elle encore assistée de Monsieur maître Jean Le Gras, conseiller secrétaire du Roy, maison, couronne de France, son cousin.

Du 23 Novembre 1689.

VI. Contrat de mariage entre Messire *Simon Bertin Dieuxyvoye*, conseiller du Roy, et correcteur en sa Chambre des Comptes, fils de Messire *Bertin Dieuxivoye*, conseiller médecin ordinaire du Roy, et de deffunte Dame Catherine Lefebvre, sa femme, et Damoiselle *Marie Louise Carpentier*, fille de *Louis Carpentier*, sieur Destournel, et Marguerite De Lanoix, sa femme.

Ladite demoiselle Carpentier assistée de Monsieur maître François Carpentier, conseiller du Roy, président, trésorier de France au bureau des finances de Soissons ; de maître Eustache Louis Carpentier, avocat en Parlement ; de Joseph Carpentier des Tournelles, Louise Amable Carpentier de Lisy et Demoiselle Victime Carpentier, ses frères et sœur.

Et encore, de Jean Baptiste Le Gras, conseiller et secrétaire du Roy, son beau-frère, à cause de Dame Marie Geneviève Carpentier, son épouse; de Dame Marguerite De La Noix, veuve de noble homme Gilles Beaudoin, contrôleur de la maison du Roy, sa grande tante maternelle; N... De La Noix, greffier du grand Conseil, et Messire Pierre De La Noix, prestre, docteur en Sorbonne, ses cousins germains.

Du 10 mai 1691.

VII. *Contrat de mariage* entre *Louis Amable Carpentier*, écuyer, conseiller du Roy, commissaire de la première Compagnie des Gardes-du-Corps de Sa Majesté, appelée la Compagnie Ecossoise, fils de deffunt Louis Carpentier, écuyer, sécretaire du Roy, maison couronne de France et de ses finances, et de Dame *Marguerite De Lanois*, sa femme, et Dame *Elisabeth Thierry*, veuve du Sieur François Ceillière, du consentement de sa mère, Elisabeth Ragain, veuve de Denys Thierry, doyen des Juges Consuls et Bourgeois de Paris.

Du 10 février 1716.

VIII. *Contrat de mariage* entre Messire *Eustache Louis Carpentier*, conseiller du Roy, trésorier général de France au bureau des finances de la généralité de Paris, fils de deffunt *Louis Carpentier*, escuyer, conseiller secrétaire du Roy, maison et couronne de France et de Dame *Marguerite De Lanoix*, sa femme, et Dame *Marguerite Trevet*, veuve de Messire Jean-Geoffroy de Fayolle, colonel du régiment de la Reyne, dans les troupes espagnoles.

Du 26 septembre 1718.

IX. *Contrat de mariage* entre *François Carpentier*, écuyer, sieur des Tournelles, et autres lieux, conseiller du Roy, président trésorier de France au bureau des finances de la généralité de Soissons, fils de deffunt *François Carpentier*, sieur des Tournelles et autres lieux, conseiller du Roy, etc., et de Dame *Madelaine Le Gras*, son épouse, et Demoiselle *Suzanne Henriette Allier*, fille de maître Henry Allier, procureur au Parlement, et Dame Marie Geneviève Masson, son épouse;

Le futur époux assisté de Messire Eustache Louis Carpentier, conseiller du Roy, trésorier de France au bureau de la généralité de Paris; la future, de Dame Anne Creton, veuve du Sieur Jean Pierre Gilles Masson, trésorier des Invalides et de la Marine, tante maternelle; de Pierre Filleul, chevalier de l'ordre de Saint-Michel, conseiller secrétaire du Roy, seigneur de Pons, oncle maternel, etc.

Du 1er août 1723.

X. *Contrat de mariage* entre Messire *Charles David Joseph*, vicomte de Proisy, fils de haut et puissant seigneur, Messire Charles David de Proisy, chevalier, seigneur d'Eppe, Mifontaine, et autres lieux, et de haute et puissante dame Marguerite Desgeneste Durpair, son espouse, résidants en leur château d'Eppe. Le futur assisté encore de haut et puissant seigneur, Messire François Joseph Le Danois, marquis de Joffreville, capitaine au régiment royal des Cravattes, et de Messire Joseph Robert d'Ully, chevalier, vicomte de La Val, son cousin, etc., et *Geneviève Henriette Carpentier*, assistée de Messire Jean Baptiste Le Gras, vicomte d'Acy, seigneur de Serches, d'Huisy, et autres lieux; de Messire *Jean François Carpentier*, mousquetaire de la garde du Roy, et de *Jean* Antoine Carpentier de Lisy*, cornette dans la mestre de camp général de dragons, ses frères; de Messire Jean Gabriel Le Gras, vicomte d'Acy, président trésorier de France honoraire; de Michel Le Gras de Chalmont, conseiller du Roy, etc., ses cousins.

*Au lieu d'Eustache, page 11, et sur le tableau.

Du 9 février 1749.

XI. *Contrat de mariage* de Messire *Jean François Carpentier*, chevalier, seigneur des Tournelles, mousquetaire de la seconde compagnie de la garde du Roy, fils majeur de deffunt Messire *François Carpentier*, vivant chevalier de l'ordre royal et militaire de Saint-Louis, commissaire de la première compagnie des gardes-du-corps du Roy, et président trésorier de France honoraire, et Dame *Suzanne Henriette Allier*, sa veuve: et, Damoiselle *Marie Elisabeth Beauvisage*, fille mineure de deffunt Sieur Joseph Beauvisage Demonberaut, et de Dame Susanne Colombe Leguisée, sa veuve;

Ladite Demoiselle assistée de Charles Joseph Beauvisage, seigneur de Guny, écuier, conseiller du Roy, et porteur des procurations spéciales de Messires Louis Nicolas Leguisée d'Egremont, sous-brigadier de la première compagnie des mousquetaires du Roy, chevalier de l'ordre royal et militaire de Saint-Louis ; Louis Antoine Leguisée d'Egremont, ancien mousquetaire de la première compagnie de la garde du Roy, et chevalier de Saint-Louis ; Charles Henry Leguisée d'Egremont, sous-brigadier des mousquetaires de la première compagnie, chevalier de Saint-Louis, ses oncles maternels, etc.

Du 30 décembre 1764. 1764

XII. *Contrat de mariage* entre M. *François Carpentier*, fils de M. *Jean François Carpentier* et de Dame *Marie Elisabeth de Beauvisage*, et Demoiselle *André Remy Sanson Danré (de Loupeigne)*, fille de M. Pierre François Sanson Danré (de Loupeigne), et Dame Eléonore Quentin Closier.

A l'assistance pour le futur, de M. Louis François Alexandre Calixte Du Hal, ancien officier supérieur d'infanterie, son beau-frère, à cause de Dame Elisabeth Carpentier, son épouse ; de Dame Antoinette Félicité Henriette Carpentier, sa sœur, épouse de M. Charles Jean Chrysostôme d'Auvigny ; de Dame Marie Carpentier, sa sœur, épouse de M. Alain Germain Hyacinthe Gehier ; de Demoiselle Amable Louise Carpentier, sa sœur, et M. Henry Beauvisage De Seuil.

La future assistée de M. Félix Victor Deu Vieux Dampierre, et Dame Antoinette Marie Marguerite Danré, son épouse ; de M. Jean Baptiste Clicquot de Toussicourt et Dame André Marie Louise Danré, son épouse, sœur de la future ; de M. André Evrard Martin l'Escarbotte de Beaufort, veuf de Dame Marie Anne Samson Danré d'Armency, tante du côté paternel ; de M. André Louis Lescarbotte de Beaufort, cousin germain, même côté ; enfin de M. Bonaventure Louis Du Bois de Crancé, ancien ordonnateur des guerres, allié à ladite demoiselle.

Du 9 février 1806.

*Il est à noter, pour faire ressortir le prix de semblables pièces,
aux yeux des Familles et en vue de leurs intérêts, que les actes
civils de la ville de Soissons et autres papiers importants, ont été
détruits dans l'incendie de l'hôtel-de-ville, par les Russes, lors de
l'invasion, et qu'on se vit obligé ensuite de rétablir, comme on put,
l'état des personnes, par voie d'enquête et de notoriété publiques.*

*La position considérable, pour le temps surtout, 1709, que pa-
raissent avoir acquis Louis Carpentier et Marguerite De La Noys, (1)
nous engage à joindre leurs dispositions testamentaires en sommaire.*

———

Dispositions testamentaires de Louis Carpentier, écuyer, conseiller
du Roy, maison, couronne de France et de ses finances, et Dame
Marguerite De La Noix, son épouse.

« Lesquels dans la veue de conserver la paix dans leur famille, et
entretenir l'union qui est entre leurs enfants, en préuenant les diffi-
cultées et contestations qui pouroient arriver dans le partage de leurs
biens, ont jugé à propos de le faire eux-même par la présente dispo-
sition... »

Premièrement lesdits sieur et dame *Carpentier,* déclarent qu'ils ont
sept enfants, savoir :

1° *François Carpentier,* écuier, conseiller du Roy, trésorier de
France, à Soissons.

2° *Eustache Louis Carpentier,* écuier, conseiller du Roy, Trésorier
de France, à Paris.

3° *Joseph Carpentier,* écuier, conseiller du Roy, auditeur ordinaire
en sa Chambre des Comptes, à Paris.

4° *Louis Amable Carpentier,* écuier, conseiller du Roy, commissaire
à la conduite des gardes-du-corps de Sa Majesté.

5° Dame *Marie Carpentier,* veuue de Jean-Baptiste Le Gras, écuier,

(1) On a vu que ce nom était écrit diversement. La véritable orthographe est celle adoptée
dans l'Exhortation d'une mère à ses enfants : « Marguerite De La Noys. »

conseiller secrétaire du Roy, maison couronne de France et de ses finances.

6° Dame *Marie Louise Carpentier*, épouse de Monsieur Dieuxiuoye, conseiller du Roy, correcteur en sa Chambre des Comptes, à Paris.

7° Et Damoiselle *Victime Séraphique* (Séraphine) *Carpentier*, fille majeure.

La volonté des testateurs, corroborée par un codicile du 30 décembre 1709, fut d'assigner à chacun de leurs enfants mâles, la somme de cent quinze mille livres, en espèces; et à chacune des dames et demoiselle, cent dix mille livres seulement.

François Carpentier, en sa qualité d'aîné, reçut cent soixante quinze mille livres, outre le fief des Tournelles, la maison, meubles et argenterie.

De l'ensemble de ces actes, il résulte que les parents donateurs, avaient, au taux actuel de la monnaie, au-delà de deux millions, la majeure partie de cette somme en espèces.

TABLE.

Nancy. — Imprimerie et Lithographie veuve Nicolas, passage du Casino.

FAMILLE

DE CARPENTIER.

ADDITIONS GÉNÉALOGIQUES.

Depuis la publication des preuves supplémentaires, touchant la *Généalogie de la famille* DE CARPENTIER, d'autres recherches ont révélé de nouvelles alliances qu'il importait grandement ici de ne pas laisser ignorer davantage. Il devenait donc nécessaire d'entrer dans des explications pour en démontrer les origines et les filiations. C'est à quoi on a pourvu soigneusement par les présentes additions et rectifications au texte déjà connu précédemment. On aimera, nous le pensons, à voir dans cette sollicitude bien placée le désir ardent de prouver, dès que l'occasion

1*

s'en présente, notre respect pour le témoignage de la vérité, qui ne doit jamais, en pareille matière, être mise en doute évident, faute d'attention persévérante.

Déjà nous l'avons dit, outre les motifs pieux qui portent les familles à s'enquérir de leurs générations passées, à se proposer tant de modèles de régularité constante, des exemples de vertus publiques et privées, les pages des nobiliaires sont autant de biographies, souvent utiles à l'Histoire. Généralement parlant, un travail généalogique quelconque, appuyé de preuves, est toujours une œuvre sérieuse, car ce n'est pas craindre de dérouler un tableau où figurent en première ligne, suivant les temps et les circonstances, l'honneur, la droiture, l'honnêteté, la suite de caractère. Épreuve des plus délicates, à laquelle on peut s'exposer quand on ne redoute nul reproche.

À ce point de vue, hautement reconnu aujourd'hui, l'orgueil encore moins la vanité ne pourraient guère trouver place dans des traités de ce genre. Il convient de les écrire avec autant de franchise que de désintéressement. Ce mérite a fait des anciens nobiliaires de véritables monuments nationaux. Bornons-nous ici à un chartrier de famille, aux souvenirs édifiants, et d'un suave parfum de vertus domestiques et de parfaite honnêteté publique.

Mai 1862.

JEAN CAYON.

ALLIANCES

DE LA FAMILLE

DE CARPENTIER,

Citées dans sa Généalogie et omises après l'avant-propos

Arsonval (d').

Balatre (de).
Bochet.
Burcourt (de).

Chauchet.
Clozier.

Dauzelles de Lignières.
De Marquet.
De May.
Des Essarts de Lignières.
Desgenettes du Repaire.
Dorigny.
Dubois de Crancé.
Du Castel.

Filleul.
Fournier.

La Fons (de).
La Hillière (de).
Le Danois.
Leguisée D'Egremont.
Lescot.
Le Tellier.
Le Vergue de Beauregard.
Lignières (les Comtes de).

Machuelle.
Maillard.
Marescat.
Masson.
Maubreuil de Barbèse.
Mérélessart (de).
Mesmont (de).

Pincepré.

Raguin.
Randal (de).

Sorel (de).

Tincourt (de),

Val (de).

Y (de).

ADDITIONS

A LA GÉNÉALOGIE.

POSTÉRITÉ D'ANTOINE CARPENTIER ET DE JEANNE DE MAGNY.

Page 5. La deuxième femme d'ANTOINE CARPENTIER fut *Jeanne de Magny*, d'où naquirent Anne, Antoine Carpentier de Mercaulieu, Élisabeth, Marie Carpentier.

Anne Carpentier épousa : 1° Maître Robert de May, dont Robert de May marié en premières noces à Claudine Lescot, dont Anne de May, et en secondes noces à Madeleine Viette, dont Jean-Robert de May, prieur de Saint-Éloi, religieux à Sainte-Geneviève, et Madeleine de May, célibataire. Anne de May donna sa main à Charles de Burcourt,

conseiller du roi au bailliage de Saint-Quentin, dont François de
Burcourt et Anne de Burcourt.

2° Maître Charles Du Castel, docteur-médecin, dont Charles, Charlotte, Françoise, Paul, Marie du Castel. Cette dernière épousa François
Maillard, sieur de la Motte, aide-major de Saint-Quentin, et en secondes
noces Messire de Mesmont, brigadier des gardes du corps du roi.

ANTOINE CARPENTIER de Mereaulieu, avocat mayeur de Saint-Quentin
en 1658, épousa Madeleine Pincepré, dont Robert Carpentier, mort
garçon.

Elisabeth Carpentier donna sa main en 1625 à Maître Henri de
Maubreuil sieur de Barbèse, avocat, dont six enfants : Elisabeth,
Henri, Marie, Anne, Claude, Jean de Maubreuil, prêtre, chanoine
de Saint-Quentin. — Henri de Maubreuil épousa Louise Des Jardins,
dont : Louis, Henri, Marie, Anne de Maubreuil, religieuse de Saint-
François à Saint-Quentin. — Marie de Maubreuil épousa Jean Fournier,
receveur du duché de Saint-Simon, n'eut pas d'enfants. — Claude de
Maubreuil épousa Madeleine Des Jardins et mourut également sans
postérité.

Marie Carpentier donna sa main à maître Pierre Dorigny, lieutenant
criminel de robe longue à Saint-Quentin, dont : Louis, Charles, Pierre
Dorigny, Marie, morte fille, Jeanne, Anne-Gilberte, Madeleine, N.....
Dorigny. Louis Dorigny fils aîné, lieutenant criminel de robe longue à
Saint-Quentin, épousa damoiselle Marguerite de Y (1). Charles Dorigny,
son frère, épousa Madeleine Bochet.

_____

(1) De Y porte : *d'azur à trois chevrons d'or.*

Page 6. *Jérôme* CARPENTIER, avocat en parlement, fils de Philippe Carpentier et d'Antoinette de Mory, épousa damoiselle *Isabelle de Marquet*, dont une fille Antoinette Carpentier, mariée le 10 février 1705 à messire Geoffroy De Val, (1) écuyer, sieur de Verdonne, fils de messire Antoine De Val, seigneur de Pouilly, et de damoiselle Louise de Mérélessart, dont cinq enfants : Antoine-Geoffroy De Val, marié à damoiselle Catherine Valence Du Hal de Trugny; François-Annibal De Val, écuyer, sieur de Longchamp, marié à damoiselle Madeleine d'Arsonval; Nicolas De Val, François-Antoine De Val, Antoinette De Val, mariée à messire Charles-Auguste Dauzelle de Lignières, écuyer, chevalier de Saint-Louis, brigadier de la première compagnie des mousquetaires du roi.

(1) La famille De Val anoblie par Henri II, dans la personne de Pierre De Val en 1553, porte : « *Ecartelé, aux 1 et 4, d'azur au gantelet d'argent ; aux 2 et 3 de gueules, à une molette d'éperon d'or.* » On possède dans la famille *Carpentier* les Lettres-patentes du Roi Henri II, scellées en cire verte et attachées du cordon rouge et vert.

(2) Mérélessart écartelé « *aux 1 et 4, d'or à trois bandes d'azur ; aux 2 et 3 , d'or à trois maillets de gueules, 2-1.* »

(3) D'Arsonval porte « *tranché d'or et d'azur, à une étoile à 8 raies de l'un en l'autre, chargée d'une croisette de gueules.* »

RENSEIGNEMENTS GÉNÉALOGIQUES

SUR LA FAMILLE

DES JARDINS,

ALLIÉE A CELLE DE CARPENTIER.

Page 5. Messire *Abraham* Des Jardins, échevin de la ville de Saint-Quentin, au temps de la prise de cette ville par les Espagnols en 1557, seigneur de Lesdins, et damoiselle *Marguerite Machuelle*, son épouse, eurent quatre enfants, savoir : Pierre, Louis, Jeanne et Marie Des Jardins. Jeanne porta en mariage la seigneurie de Lesdins à Milan de Chauvenet, capitaine au régiment de Coulombié; sa sœur Marie épousa *Antoine* Carpentier.

Marguerite Machuelle convola en secondes noces à Louis Marescat, échevin de Saint-Quentin, dont Jeanne Marescat, mariée à messire Nicolas De La Fons, écuyer, prévôt royal à Saint-Quentin, dont Jeanne et Marie De La Fons. La dite Jeanne De La Fons épousa messire Louis de Sorel, lieutenant du roi à Saint-Quentin, dont Louis de Sorel, seigneur d'Ugny. Sa sœur, Marie De La Fons épousa messire de Balâtre, vicomte de Mont-Notre-Dame. Marguerite de Sorel, fille de Louis de Sorel, et de Jeanne De La Fons, épousa en premières noces messire de Mérélessart, gouverneur du Pont-de-l'Arche, et en deuxièmes noces, messire Des Essarts, marquis de Lignières, gouverneur de Saint-Quentin.

Jeanne Marescat, qui précède, veuve de Nicolas De La Fons, se remaria à messire Gilles de La Hillière, gentilhomme de Gascogne, capitaine au régiment de Piémont, dont Louis de La Hillière, marié à Françoise de Selle, née en Languedoc ; de ce mariage sont issus : Jean-Denis de La Hillière, seigneur de Garaiset, capitaine au régiment de Piémont, tué au siége de Thionville ; Anne de La Hillière, mariée à messire de Tincourt, capitaine au régiment de Piémont, lieutenant du roi au gouvernement de Corbie.

De la Fons porte : « D'argent, à trois hures de sangliers de sable, » arrachées de gueules. »

Notons en passant que, par suite du mariage de Marie Des Jardins, fille de Marguerite Machuelle avec *Antoine* CARPENTIER, ses descendants sont alliés aux Marescat, de Chauvenet, de La Fons, de Sorel, de La Hillière, de Tincourt, de Mérélessart, Des Essarts de Lignières.

———————

Page 5. *Antoine* CARPENTIER est enterré, ainsi que sa seconde femme Jeanne de Magny, dans l'église de Saint-André, à Saint-Quentin, avec l'épitaphe suivante : « *Cy gist honorable homme Antoine* CARPENTIER, *vivant bourgeois de Saint-Quentin, lequel est décédé le 16 janvier 1621, et damoiselle* JEANNE DE MAGNY, *sa femme, laquelle est décédée le 16 juin 1664.*

2*

NANCY, IMPRIMERIE DE VEUVE A. DARD, RUE DES PONTS, 4 *bis*.

www.ingramcontent.com/pod-product-compliance
Lightning Source LLC
LaVergne TN
LVHW022031080426

835513LV00009B/975